CP

Cahier d'écriture

Albert ANGELINI, Christine GRAZIANO
Professeurs des Écoles

éditions
JOCATOP
expert en supports pour l'école

Sommaire

Graphisme

Date :

1 Repasse sur les traits en gris. Suis le sens indiqué par la flèche.

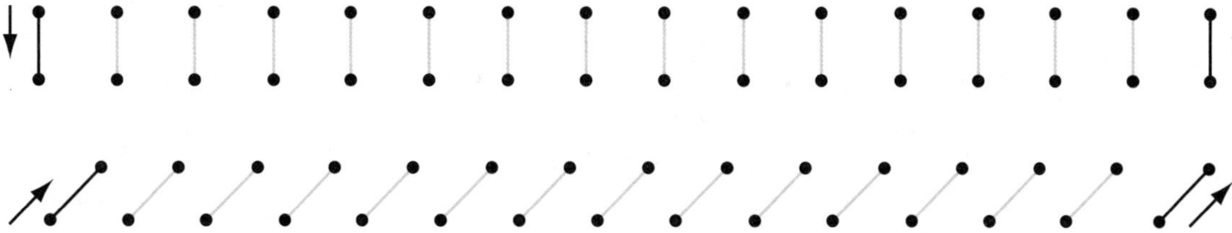

2 Joins les points. Respecte le sens indiqué.

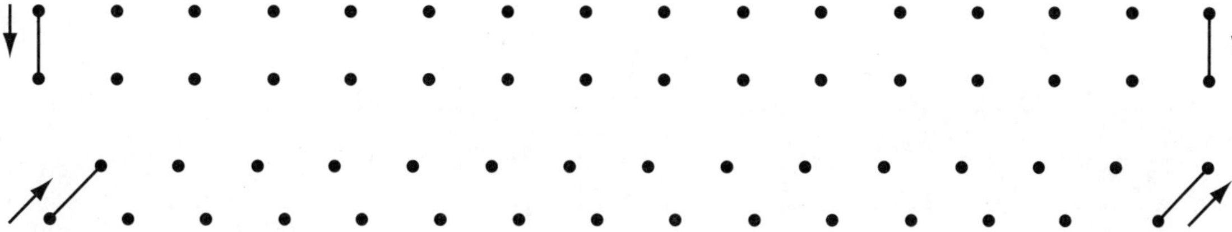

3 Respecte le sens indiqué.

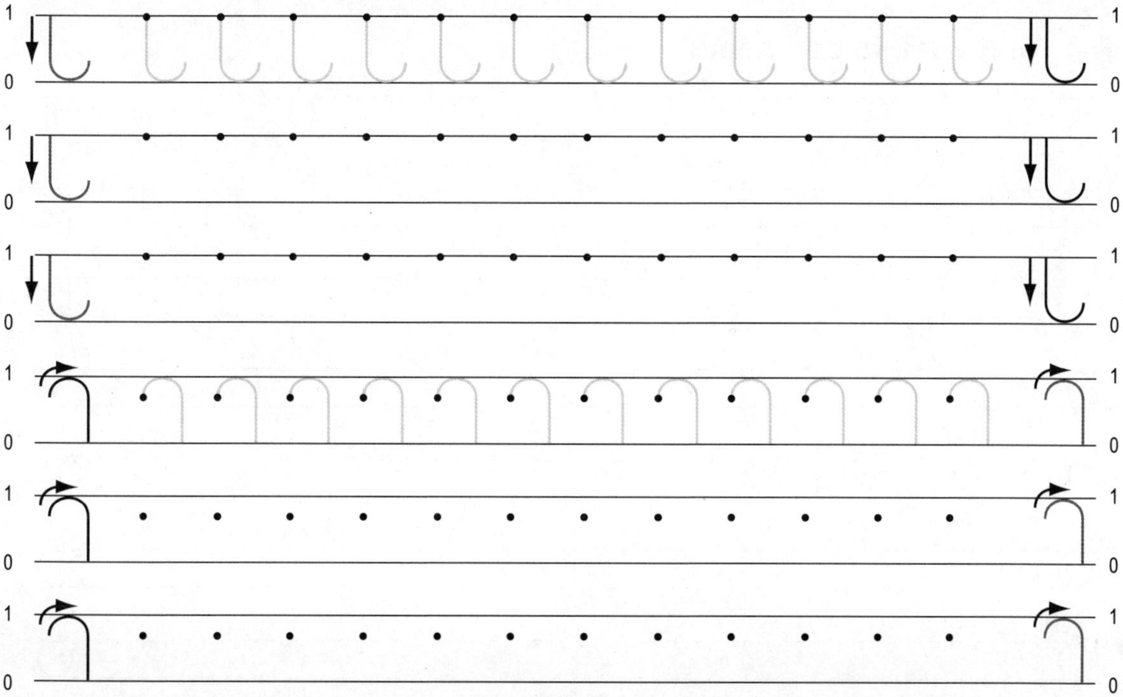

Graphisme

Date :

1 Respecte le sens.

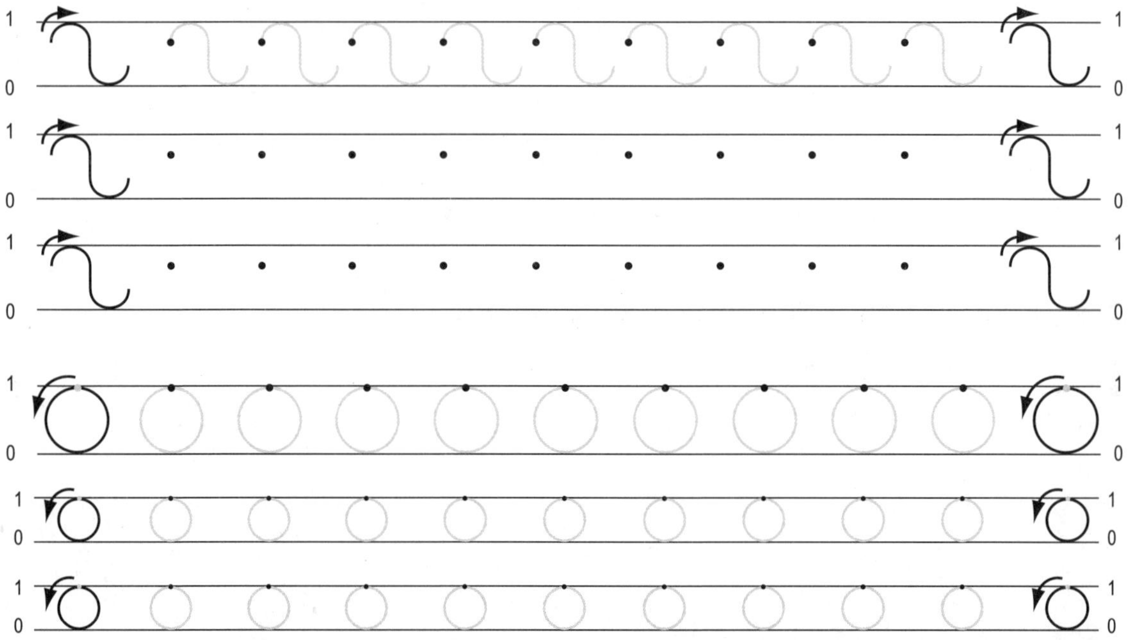

2 Tu révises, tu t'entraînes.

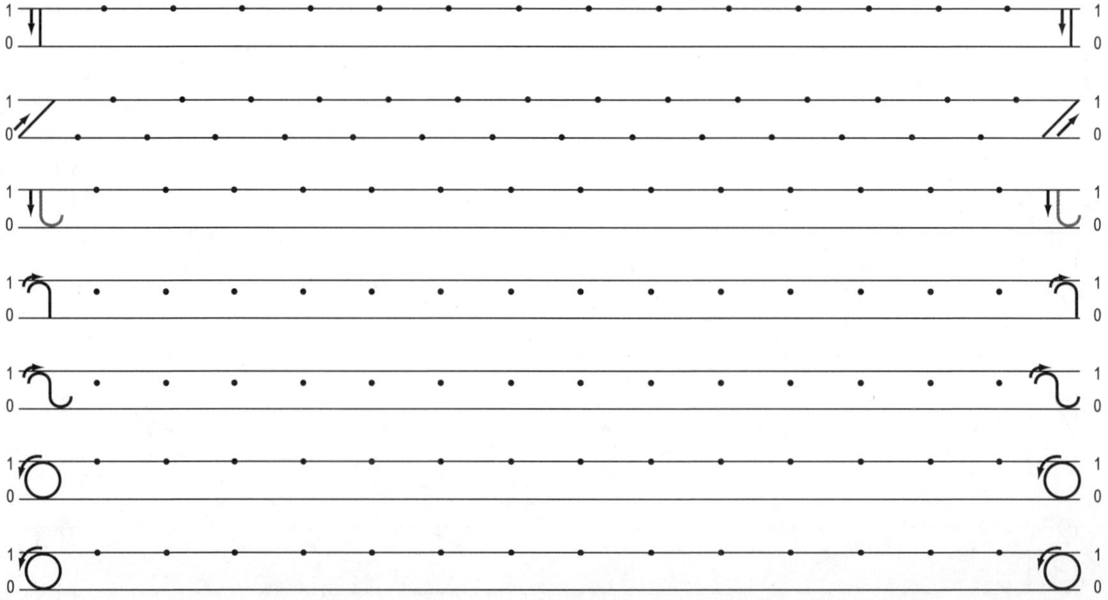

Graphisme

Date :

1 **Apprends à te situer dans les chemins (interlignes), repasse sur les modèles, respecte le sens.**

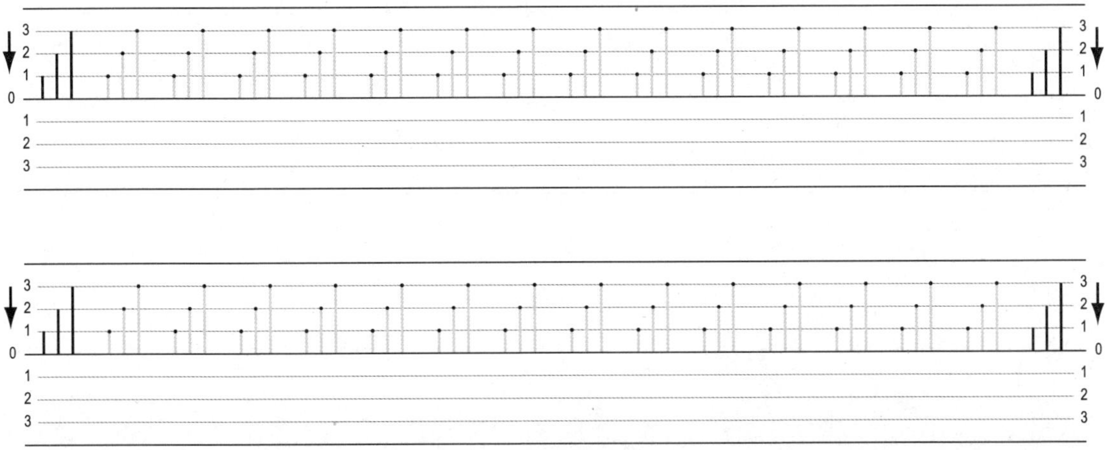

2 **Fais le même dessin en respectant les hauteurs.**

Graphisme

Date :

1 **Apprends à te situer dans les chemins (interlignes), repasse sur les modèles, respecte le sens.**

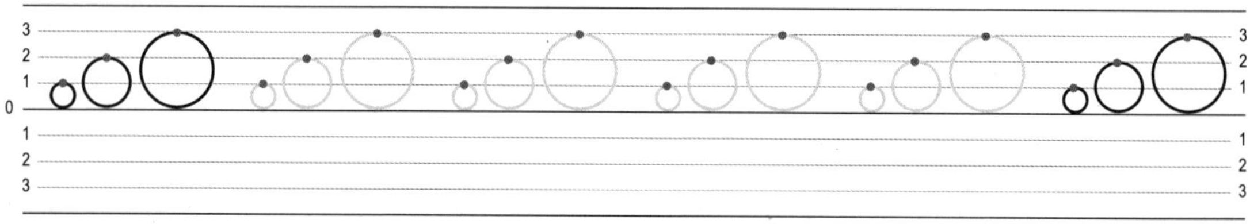

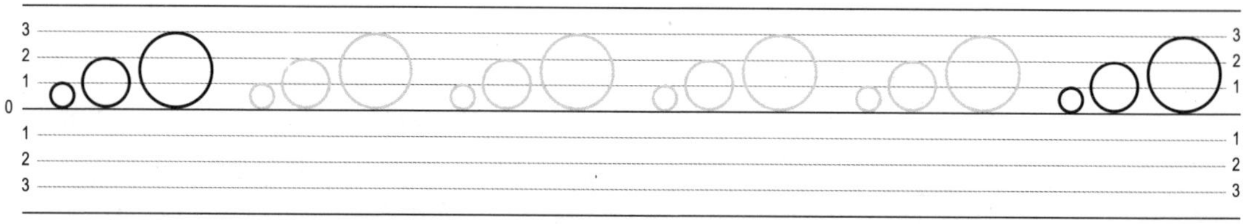

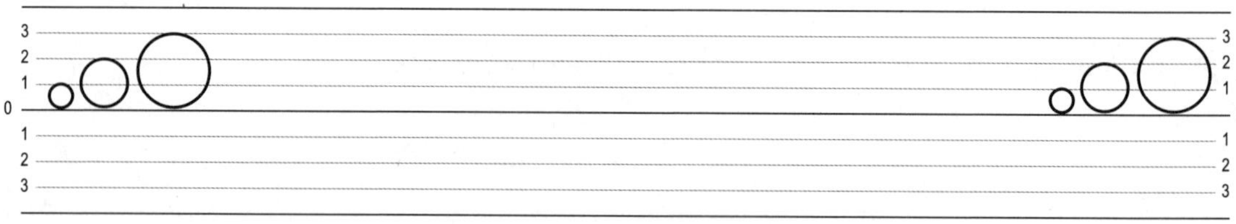

2 **Apprends à te situer dans les chemins sous la ligne d'écriture, respecte le sens.**

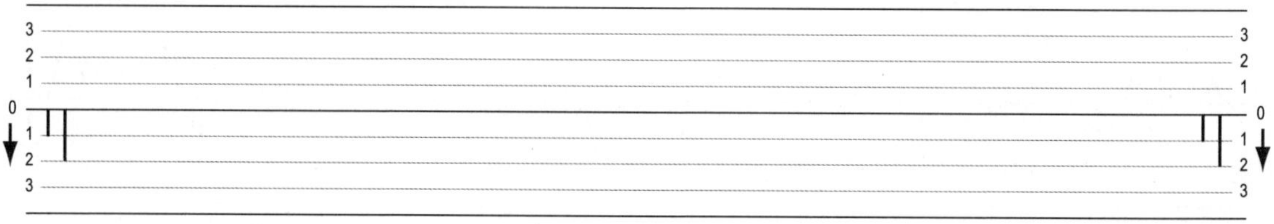

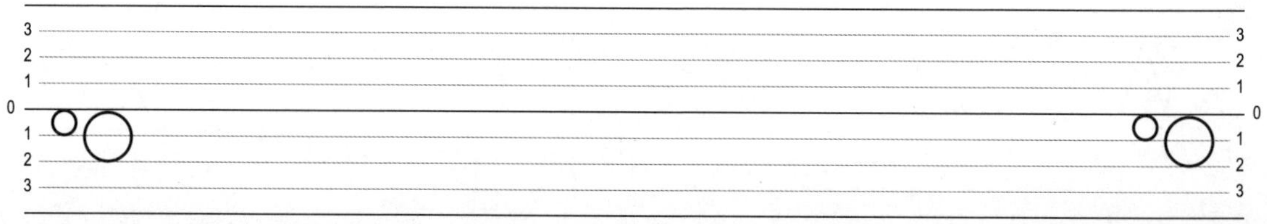

Date :

i I i J

1 Repasse sur les modèles, démarre aux points noirs.

2 Écris des « i » tout seul.

3 Écris des « i » comme sur une feuille de cahier.

1

2

3

4

5

Date :

o O o O

1 Repasse sur les modèles, démarre aux points noirs.

2 Écris des « o » tout seul.

3 Écris des « o » comme sur une feuille de cahier.

Date : ______________________

e E *e E*

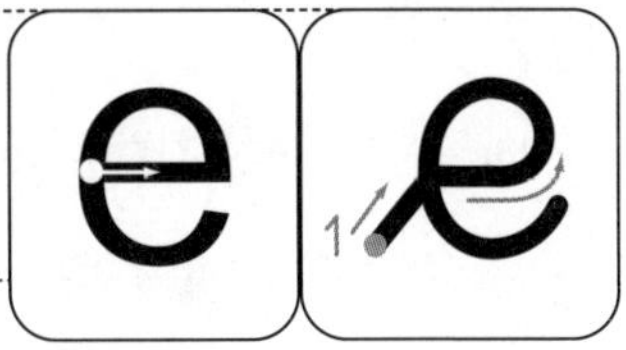

1 Repasse sur les modèles, démarre aux points noirs.

2 Écris des « e » tout seul.

3 Écris des « e » comme sur une feuille de cahier.

Apprends à attacher les lettres.

Date :

1 **Repasse sur les modèles. Démarre aux points.**
Attache un **« e »** et un **« i »** ; un **« i »** et un **« e »** ; un **« e »** et un **« o »**.

ei ei ei ei ei ei ei ei ei ei

ie ie ie ie ie ie ie ie ie ie

eo eo eo eo eo eo eo eo eo eo

2 **Attache** un **« i »** et un **« o »** ; un **« o »** et un **« i »**.

io io io io io io io io io io

oi oi oi oi oi oi oi oi oi oi

io io io io io io io io io io

oi oi oi oi oi oi oi oi oi oi

3 **Écris comme sur une feuille de cahier.**

1 ei ei

2 ie ie

3 eo eo

4 io io

5 oi oi

Date : ______________________

u U u U

u

1 Repasse sur les modèles, démarre aux points.

u u u u u u u u u

u u u u u u u u u

u u u u u u u u u

2 Écris des « u » tout seul.

u u

u u

3 Repasse sur les modèles. **Apprends à attacher les lettres.**

ue ue ue ue ue ue | eu eu eu eu eu eu

uo uo uo uo uo uo | ou ou ou ou ou ou

ui ui ui ui ui ui | iu iu iu iu iu iu

4 Écris comme sur une feuille de cahier.

1 u u

2 ue eu

3 uo ou

4 ui iu

Date :

a a A a A

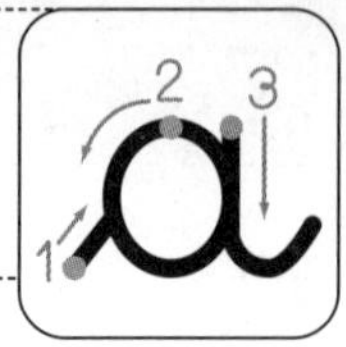

1 Repasse sur les modèles, démarre aux points.

a a a a a a a a a

2 Écris des « a » tout seul.

a a

a a

3 Repasse sur les modèles. **Apprends à attacher les lettres.**

ai ai ai ai ai ai | ia ia ia ia ia ia

au au au au au au | ua ua ua ua ua ua

ae ae ae ae ae ae | ea ea ea ea ea ea

4 Écris comme sur une feuille de cahier.

1 a a

2 ai ia

3 au ua

4 ae ea

Date :

é É é É

1 Repasse sur les modèles, démarre aux points.

2 Écris des « é » tout seul.

3 Reproduis les modèles. **Apprends à attacher les lettres.**

éi

éo

ée

4 Écris comme sur une feuille de cahier.

1 é

2 ié

3 éu

4 aé

Date : ____________________

t T t 𝒯

1 Repasse sur les modèles, démarre aux points.

2 Écris des « t » tout seul.

3 Reproduis les modèles.

Apprends à attacher les lettres.

ta to

te té

ti tu

4 Écris comme sur une feuille de cahier.

1 t t

2 te té

3 ti tu

4 ta to

Date :

r R r R

1 Repasse sur les modèles, démarre aux points.

2 Écris des « r » tout seul.

r r

r r

r r

3 Écris comme sur une feuille de cahier.

1 r r

2 re re

3 ri ri

4 ra ra

5 ro ro

6 or or

Date :

p P

1 Repasse sur les modèles, démarre aux points.

2 Écris comme sur une feuille de cahier. On saute une ligne d'écriture.

1 p p

2 pe pe

3 pa pa

4 pi pi

5 po po

6 pé pé

Date :

s S s S

1 Repasse sur les modèles, démarre aux points.

2 Écris comme sur une feuille de cahier. On saute une ligne.

1 s s

2 se se

3 sa sa

4 su su

5 so so

6 os os

Date : ____________________

m M m M

1 Repasse sur les modèles, démarre aux points.

1 m m m m m m m m m m 1
0 0

1 m m m m m m m m m m 1
0 0

1 m m m m m m m m m m 1
0 0

2 Écris comme sur une feuille de cahier. On saute une ligne.

1 m m

2 ma ma

3 me me

4 mu mu

5 mi mi

6 mé mé

Date :

1 L ℓ ℒ

1 Repasse sur les modèles, démarre aux points.

2 Démarre au point 1, passe par le point 2, fais la boucle et continue.

3 Repasse sur la boucle, continue en passant par le point 2.

Date :

l L *l L*

1 *l* *l*

2 *la* *la*

3 *le* *le*

4 *lu* *lu*

5 *lo* *lo*

6 *il* *il*

7 *ol* *ol*

8 *pla* *pla*

9 *pli* *pli*

Date :

d D d 𝒟

1 Repasse sur les modèles.

d d d d d d d d d d

d d d d d d d d d d

2 Écris.

1 d d

2 de de

3 do do

4 di di

5 du du

6 dro dro

7 dré dré

Date :

c C c 𝒞

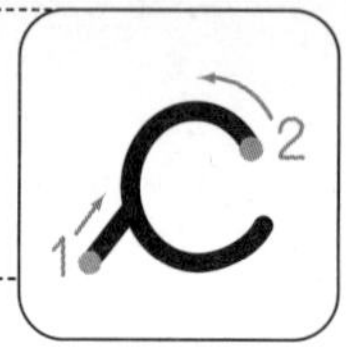

1 Repasse sur les modèles, démarre aux points.

c c c c c c c c c c c

c c c c c c c c c c c

c c c c c c c c c c c

2 Écris.

1 c c

2 ca ca

3 co co

4 ac ac

5 oc oc

6 cr cr

7 cl cl

Date :

c ç   c ç

ç

1 Repasse sur les modèles.

ç ç ç ç ç ç ç ç ç ç ç

2 Écris.

1 ce ce

2 ci ci

3 cé cé

4 ça ça

5 ço ço

6 çu çu

7 mastoc a reçu un petit colis.

m

Date :

y Y *y Y*

y

1 Repasse sur les modèles, démarre aux points.

2 Écris.

1 *y* *y*

2 *y* *y*

3 *py* *py*

4 *by* *by*

5 *un stylo,*

6 *un lys,*

Date :

n N n N

1 Repasse sur les modèles, démarre aux points.

n n n n n n n n n n n

n n n n n n n n n n n

n n n n n n n n n n n

2 Écris.

1 n n

2 ne ne

3 na na

4 nu nu

5 né né

6 un . . . . . un

7 une . . . . . une

Date :

è ê è ê

1 Repasse sur les modèles.

è è è è è è è è è è è

ê ê ê ê ê ê ê ê ê ê ê

2 Écris.

1 è è

2 ê ê

3 tè tè

4 pè pè

5 sè sè

6 lê lê

7 rê rê

Date :

b B 𝒷 𝓑

1 Repasse sur les modèles.

2 Écris.

1 b b

2 ba be

3 bi bu

4 bo bé

5 br br

6 bl bl

Date :

f F *f F*

1 Repasse sur les modèles.

2 Écris.

1 *f* *f*

2 *fe* *fe*

3 *fa* *fo*

4 *fi* *fu*

5 *ff* *ff*

6 *fr* *fr*

Date : ______________________

v V v 𝒱

1 Repasse sur les modèles.

2 Écris.

1 v v

2 va va

3 vi vi

4 ve ve

5 vu vu

6 vo vo

7 vr vr

Date :

j J *j J*

1 **Repasse sur les modèles.**

2 **Écris.**

1 *j* *j*

2 *ja* *ja*

3 *je* *je*

4 *ju* *ju*

5 *jé* *jé*

6 *jï* *jï*

Date :

g G g G

g

1 Repasse sur les modèles.

1

0

g g g g g g g g g g

1

0

g g g g g g g g g g

2 Écris.

1 g g

2 ga ga

3 go go

4 gu gu

5 gra gra

6 gre gre

7 gla gla

Date :

g G g G

1 ge ge

2 gi gi

3 gé gé

4 gè gè

5 gê gê

6 gea . . . . . gea

7 geo . . . . . geo

8 du fromage, . .

9 une luge, . .

Date :

ch *ch*

ch

1 Repasse sur les modèles.

h h h h h h h h h h h

ch ch ch ch ch ch ch ch ch

ch ch ch ch ch ch ch ch ch

2 Écris.

1 *h* *h*

2 *ch* *ch*

3 *cha* *cha*

4 *chu* *chu*

5 *che* *che*

6 *cho* *cho*

Date :

z Z   z Z

z

1 Repasse sur les modèles.

z z z z z z z z z z z

z z z z z z z z z z z

2 Écris.

1 z z

2 ze ze

3 zi zi

4 zo zo

5 zu zu

6 za za

7 zè zè

Date :

k K *k K*

1 Repasse sur les modèles.

2 Écris.

1 *k* *k*

2 *k* *k*

3 *ké* *ké*

4 *ko* *ko*

5 *ka* *ka*

6 *ki* *ki*

7 *koala,* . .

Date :

q Q q Q

1 2 3

1 Repasse sur les modèles.

2 Écris.

1 qu qu

2 que que

3 quo quo

4 qui qui

5 qua qua

6 qué qué

7 masque,

Date :

x X 𝓍 𝒳

1 Repasse sur les modèles.

1 𝓍 𝓍 𝓍 𝓍 𝓍 𝓍 𝓍 𝓍 𝓍 𝓍 𝓍 1
0 0

1 𝓍 𝓍 𝓍 𝓍 𝓍 𝓍 𝓍 𝓍 𝓍 𝓍 𝓍 1
0 0

2 Écris.

1 x x

2 xe xe

3 xi xi

4 xa xa

5 ax ax

6 ox ox

7 ix ix

8 ex ex

Date :

w W w W w

1 Repasse sur les modèles.

w w w w w w w w w w

w w w w w w w w w w

2 Écris.

1 wa wa

2 wi wi

3 we we

4 wu wu

5 wo iw

6 éw ow

7 un wagon, . .

8 un kiwi, . . .

Date :

ou

1 ou ou

2 pou . . . . . pou

3 lou . . . . . lou

4 fou . . . . . fou

5 gou . . . . . gou

Date :

oi

6 oi oi

7 roi . . . . . roi

8 toi . . . . . toi

9 moi . . . . . moi

10 joi . . . . . joi

Date :

er - ez

1 er er

2 ser . . . . . ser

3 mer . . . . . mer

4 der . . . . . der

5 ger . . . . . ger

6 ez ez

7 lez . . . . . lez

8 nez . . . . . nez

9 gez . . . . . gez

10 guez . . . . guez

Date : ____________________

on - om

1 on on

2 ton . . . . . ton

3 pon . . . . . pon

4 von . . . . . von

5 son . . . . . son

6 lon . . . . . lon

7 om om

8 nom . . . . . nom

9 plom . . . . plom

10 trom . . . . trom

Date :

ai - ei

1 ai ai

2 tai tai

3 zai zai

4 lai lai

5 gai gai

6 ei ei

7 nei nei

8 rei rei

9 trei trei

10 frei frei

Date :

an - en - am - em

1 an an

2 en en

3 man . . . . . man

4 san . . . . . san

5 pen . . . . . pen

6 ven . . . . . ven

7 am am

8 em em

9 cam . . . . . cam

10 tem . . . . . tem

Date :

au - eau

1 au au

2 dau dau

3 bau bau

4 fau fau

5 chau chau

6 eau eau

7 seau seau

8 leau leau

9 reau reau

10 ceau ceau

Date :

eu - oeu

1 eu eu

2 ieu . . . . . ieu

3 peu . . . . . peu

4 jeu . . . . . jeu

5 feu . . . . . feu

6 cheu . . . . cheu

7 oeu oeu

8 noeu . . . . noeu

9 boeu . . . . boeu

10 voeu . . . . voeu

Date :

in - im

1 in in

2 pin pin

3 fin fin

4 quin quin

5 min min

6 rin rin

7 cin cin

8 im im

9 le chemin,

10 impoli,

Date :

ain - ein

1 ain ain

2 pain . . . . pain

3 main . . . . main

4 train . . . . train

5 plain . . . . plain

6 ein ein

7 tein . . . . tein

8 cein . . . . cein

9 plein . . . . plein

10 frein . . . . frein

Date :

gn

1 gn gn

2 gne gne

3 gno gno

4 gni gni

5 gné gné

Date :

ill

6 aille aille

7 eille eille

8 euille euille

9 ouille ouille

10 le soleil,

Date :

ph

1 ph ph

2 phe . . . . . phe

3 phi . . . . . phi

4 pho . . . . . pho

5 phan . . . . phan

Date :

tion

6 tion . . . . tion

7 punition, . .

8 opération, . .

9 addition, . .

10 natation, . .

Date :

ien

1 ien ien

2 lien . . . . lien

3 bien . . . . bien

4 tien . . . . tien

5 chien . . . . chien

Date :

y = i-i

6 y y

7 crayon, . . .

8 voyage, . . .

9 moyen, . . .

10 pays, . . .

A

3
2
1
0

M

3
2
1
0

N

3
2
1
0

3 T T T T T T T 3
2 2
1 1
0 0

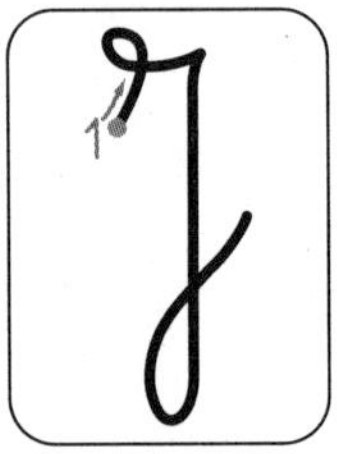

3 J J J J J J J 3
2 2
1 1
0 0

3 H H H H H H H 3
2 2
1 1
0 0

3 2 1 0

3 2 1 0

3 2 1 0

L

C

G

U

V

Y

E

T

K

3 2 1 0

3 2 1 0

3 2 1 0

3 2 1 0

Z *Z* *Z* *Z* *Z* *Z* *Z*

Z *Z*

3 2 1 0

W *W* *W* *W* *W*

W *W*

www.jocatop.fr

Loi n° 49956 du 16 juillet 1949 sur les publications destinées à la jeunesse.
Dépôt légal : septembre 2008
Nouvelle impression : juin 2015
Imprimé en Italie par Tipografia Moro Andrea srl – Tolmezzo (Udine)